A MESSIEURS

DE LA COUR DE CASSATION.

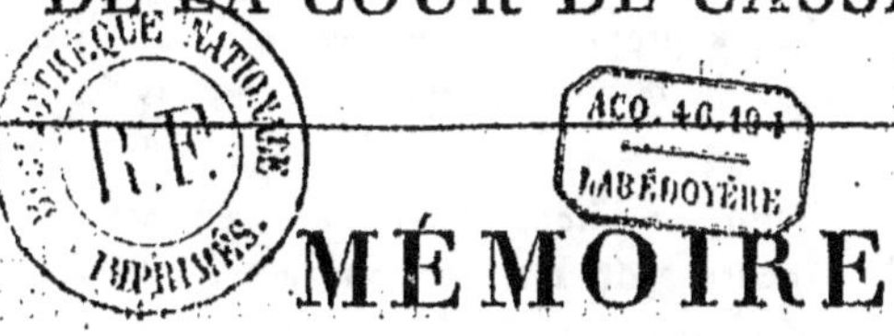

MÉMOIRE

POUR LES AUTEURS

DU CENSEUR EUROPÉEN.

M. le conseiller Olivier, rapporteur.

M. Henri-Larivière, avocat-général.

LES exposans se sont pourvus, en temps utile, contre l'arrêt rendu à leur préjudice par la chambre des appels de police correctionnelle de la Cour royale de Paris, le 6 août 1817.

FAITS.

Sur un mandat de comparution, les auteurs du Censeur se présentèrent devant M. Reverdin, juge d'instruction, et subirent un interrogatoire.

1

Aux termes de l'article 94 du Code d'instruction criminelle, le juge d'instruction, s'il trouvait que les prévenus ne s'étaient pas entièrement disculpés, pouvait, après avoir entendu le procureur du Roi, décerner contre eux *un mandat d'arrêt*, dans la forme déterminée par la loi.

Il jugea, au contraire, à propos de décerner *un mandat de dépôt*, et c'est en vertu de ce mandat que les exposans furent conduits à la Force.

Le 21 juin, dénonciation en détention arbitraire, adressée par les exposans à M. le procureur du Roi, et fondée sur l'illégalité du mandat en vertu duquel ils étaient détenus.

M. le juge d'instruction reconnut, sans doute, cette illégalité; car il crut devoir régulariser le mandat qu'il avait d'abord lancé, et il le convertit en mandat d'arrêt.

Mais, le même jour, le juge d'instruction avait fait son rapport à la chambre du conseil, et cette chambre avait prononcé l'ordonnance de renvoi devant le tribunal de police correctionnelle. Il avait donc épuisé sa juridiction; il n'avait plus aucun pouvoir sur les prévenus, et son mandat ne pouvait avoir aucun caractère légal.

En outre, ce mandat n'énonçait pas le fait en vertu duquel il était lancé, quoique l'article 96 du Code d'instruction criminelle l'exige impérieusement. Il était donc illégal et nul sous un double rapport, 1°. comme décerné par un individu sans pouvoirs; 2°. comme manquant d'un de ses élémens constitutifs.

Les exposans crurent devoir en demander la nullité au tribunal de première instance.

La chambre du conseil, prononçant à huis clos, et sans appeler les prévenus, les déclara non-recevables dans leur demande; « Attendu qu'aucune disposition du Code d'instruction criminell

» ne prononce la nullité des mandats d'arrêt à l'égard desquels
» les formalités prescrites par les articles 94, 95 et 96 n'ont
» pas été rigoureusement observées. »

La Cour royale, tout en réformant ce jugement, par le motif
qu'il avait été prononcé à huis clos, a consacré la même doctrine, et a déclaré en droit « que le Code d'instruction crimi-
» nelle ne prononçant pas la nullité des mandats d'arrêt faute
» d'accomplissement des formalités qu'il prescrit, les juges ne
» peuvent pas suppléer cette nullité. »

C'est contre cet arrêt que les exposans se sont pourvus.

MOYENS DE CASSATION.

Contravention aux articles 94, 95 et 96 du Code d'instruction
criminelle; aux articles 77 et 78 de la loi du 21 frimaire an
8; à l'article 4 de la charte constitutionnelle, et fausse application des articles 215, 408 et 413 du Code d'instruction criminelle.

Pour décider si tel ou tel acte, émané d'un juge quelconque, a
un caractère légal, il faut examiner d'abord si la loi donnait à ce
juge le pouvoir de faire cet acte; et ensuite, si elle le lui donnait d'une manière générale et absolue, ou seulement sous cer-
taines conditions, et s'il s'est rigoureusement conformé à ces
conditions. Ce principe est sur-tout vrai en matière criminelle,
et lorsqu'il s'agit d'un acte qui intéresse la liberté des citoyens.

Il ne suffit donc pas que le Code d'instruction criminelle ait
donné, en général, au juge d'instruction, le pouvoir de lancer des
mandats d'arrêt, pour que tous les actes qui émanent de ce magistrat aient caractère de mandat d'arrêt, par cela seul qu'ils seraient
ainsi qualifiés. Il faut encore que ce mandat soit décerné dans

les circonstances et avec les formes déterminées par la loi pour ces mandats.

Voyons quelles sont ces circonstances : voyons quelles sont ces formes.

Les mandats de comparution, d'amener et de dépôt ne doivent pas être confondus avec les mandats d'arrêt. Ils diffèrent par leur nature, par le période de l'instruction auquel ils se rattachent et par les formes dont ils sont revêtus.

Ils diffèrent par leur nature, car les mandats de comparution et d'amener ne sont que des voies de contrainte, ayant pour objet de faire comparaître le prévenu devant le magistrat instructeur. Le mandat de dépôt n'est qu'une modification du mandat d'amener, pour le cas où le prévenu n'est trouvé qu'à plus de 5 myriamètres du domicile de l'officier de police judiciaire, et plus de deux jours après la date du mandat. (Art. 100 du Code d'inst. crim.)

Ces mandats ont tous pour unique destination de traduire le prévenu devant le juge. Aussi, lorsqu'il a comparu, et qu'il a été interrogé, tous ces mandats deviennent sans objet, sans utilité.

L'interrogatoire commence un nouveau période de l'instruction ! Si le prévenu parvient à se disculper, il doit être renvoyé libre, sinon, il peut être renvoyé en état d'arrestation, mais seulement par un *mandat d'arrêt*, qui seul peut le constituer véritablement en état *d'arrestation*.

La nuance entre ces deux espèces de mandats est donc bien marquée. Les uns ne sont que des citations par voie de contrainte, revêtues de formes diverses; les autres sont de véritables actes d'arrestation. Les uns peuvent être lancés pour toute espèce de prévention, même contre un témoin qui n'a pas comparu ; les autres ne peuvent l'être que pour *un fait emportant emprisonnement*, art. 94.

Ils diffèrent aussi par les périodes de l'instruction auxquels ils appartiennent ; car les uns précèdent nécessairement la comparution du prévenu et son interrogatoire ; les autres les suivent.

La différence n'est pas moins fortement marquée dans les formes qui les constituent. En effet, pour la validité des premiers, il suffit qu'ils soient signés par l'officier de police judiciaire qui les a décernés, et que le prévenu soit désigné. Il y aurait quelqu'inconvénient pour l'instruction à faire connaître d'avance l'objet de l'interrogatoire, et il n'y en a pas de très-grave pour le prévenu à ce qu'il l'ignore, puisque ces mandats doivent être suivis de l'interrogatoire dans un très-bref délai, et que leur existence n'a par conséquent qu'un instant de durée.

Mais il en est autrement pour les mandats d'arrêts ; ils mettent le prévenu en état d'arrestation, et pour un temps indéterminé, puisque les délais dans lesquels la chambre du conseil, et après elle le tribunal correctionnel, doivent prononcer, ne sont pas déterminés. Ils ne peuvent d'ailleurs être lancés que pour un fait précis et emportant peine d'emprisonnement, ainsi que nous l'avons déjà observé. Il faut donc que ce fait soit signalé.

Aussi, est-ce après avoir entendu le prévenu, et sur les conclusions du procureur du Roi, que ce mandat doit être décerné (art. 94) ; il doit renfermer, outre la signature du magistrat et la désignation du prévenu, l'énonciation du fait et la citation de la loi (art. 93). Il se compose, enfin, de tous les élémens qui constituent un jugement. C'est en effet en quelque sorte un jugement rendu après avoir entendu le prévenu et la partie publique, et en vertu duquel un citoyen est privé de sa liberté pour un temps plus ou moins long.

Maintenant que, par opposition aux autres mandats, nous avons bien déterminé la nature du mandat d'arrêt, la partie de l'instruction à laquelle il appartient, les formes qui doivent le constituer, voyons ce qui a été fait dans l'espèce.

Après avoir interrogé les prévenus, M. le juge d'instruction devait, ou les renvoyer libres, ou lancer contre eux un mandat d'arrêt. Il n'avait que cette alternative. Lancer contre eux un mandat d'amener eût été une absurdité, puisqu'ils étaient devant lui. Il n'était pas plus raisonnable de décerner un mandat de dépôt, qui n'est qu'une modification du mandat d'amener ; c'est cependant ce que ce magistrat fit. Son mandat de dépôt, lancé hors des circonstances dans lesquelles un pareil mandat doit être lancé et dans lesquelles seulement il a un objet d'utilité, était donc un acte sans caractère, sans but et comme non-avenu.

Aussi ce magistrat, sur la réclamation des prévenus, ne tarda-t-il pas à reconnaître son erreur, et lança contre eux le seul mandat qu'il pût lancer, un mandat d'arrêt, ou au moins qualifié tel. Mais il n'était plus temps. La chambre du conseil avait prononcé; les pouvoirs du juge instructeur étaient épuisés, ses fonctions consommées ; il n'avait plus aucun caractère pour disposer de la liberté des exposans; leur sort avait passé en d'autres mains. Son mandat ne pouvait donc avoir aucun caractère légal, puisqu'il était lancé sans pouvoir. Il ne pouvait plus être considéré que comme un acte de persécution privée. Les tribunaux devaient en faire justice.

Le tribunal de première instance et après lui la Cour royale, en déclarant cet acte valable; en refusant d'en prononcer la nullité, et en lui laissant force d'exécution, ont donc sanctionné un excès de pouvoir, et, sous ce premier rapport, violé la loi.

En vain alléguerait-t-on que les exposans dans leur demande en nullité de ce prétendu mandat d'arrêt, ne se sont pas prévalus de cette circonstance, que le mandat a été lancé après l'ordonnance de renvoi. Il suffisait que la nullité du mandat fût demandée aux juges, pour qu'ils dussent suppléer, dans l'intérêt de la société, tous les moyens d'ordre public. Or la nullité résultante de l'excès de pouvoir commis par le juge instructeur, était bien incontestablement d'ordre public, elle devait donc être suppléée par le juge.

Ce n'est pas devant la Cour suprême, qui casse tous les jours des arrêts souverains, pour vice d'incompétence, *ratione materiæ*, quoique l'exception n'ait pas été proposée devant la juridiction inférieure, que ce principe a besoin de développement. Le moyen reste donc dans toute sa force.

Mais pour que le mandat d'arrêt ait un caractère légal, il ne suffit pas qu'il ait été lancé par le juge d'instruction dans les circonstances déterminées par la loi ; il faut aussi qu'il l'ait été dans les formes qu'elle prescrit.

Or, la plus essentielle de ces formes peut-être, est l'énonciation du fait en vertu duquel il est lancé ; car cette énonciation ne sert pas seulement à avertir le prévenu des motifs de sa détention ; elle sert aussi à lui donner les moyens de la faire cesser, si elle n'a pas de cause légale.

Cette énonciation est donc une des plus précieuses garanties de la liberté individuelle ; car, si elle n'était pas exigée, le magistrat instructeur se trouverait investi du pouvoir de priver les citoyens de leur liberté, pendant un temps, et pour des causes indéterminées.

Il n'est donc pas étonnant que la loi ait mis pour condition, à l'exercice de ce pouvoir formidable, celle d'énoncer le fait pour lequel il est exercé. Disons plus : cette condition était indispensable dès le moment où la loi déclarait que le mandat ne peut être lancé que pour un fait emportant emprisonnement. Car, quel moyen de vérifier si le mandat repose sur un motif légal, si ce motif pouvait n'être pas énoncé ?

Lorsque le législateur assure aux citoyens une garantie aussi essentielle, aussi indispensable, n'est-il pas affligeant de voir des magistrats chercher à la paralyser par de fausses doctrines?

Elles sont en effet fausses et illibérales ces doctrines par lesquelles, sous le prétexte qu'une formalité n'est pas prescrite à peine de nullité, on déclare, en droit, qu'elle n'est que facultative pour le magistrat, par laquelle on établit qu'un acte existe et doit être maintenu, quoiqu'il ne renferme aucun des élémens qui le constituent; par laquelle on prétend, qu'au mépris des dispositions de la constitution de l'an VIII, non abrogées, et de la charte constitutionnelle, un citoyen peut être arrêté dans les formes qu'il plaît à un magistrat de suivre. Nous allons le démontrer.

D'abord cette règle, que les jugemens ou instructions judiciaires ne peuvent être annullés que lorsque la formalité dont on relève l'omission, est prescrite à peine de nullité, était inapplicable à la demande des opposans. Car ils ne demandaient ni la nullité d'un jugement, ni la nullité d'une procédure; ils demandaient seulement s'ils étaient détenus dans les formes déterminées par la loi; c'était là un fait à vérifier, et si l'acte, en vertu duquel ils étaient détenus, était irrégulier; il fallait le régulariser.

La loi, pour ne pas compromettre les procédures et les jugemens par trop de moyens d'annullation, a bien pu n'attacher la peine de nullité qu'à quelques-unes des formalités qu'elle prescrit; mais toutes les autres formalités n'en sont pas moins de rigueur pour le magistrat; seulement, s'il néglige de les observer ou par ignorance, ou par légéreté, l'instruction et le jugement, qui s'en suivent, n'en sont pas moins maintenus.

Mais lorsque la partie réclame contre l'omission de l'une de ces formalités, et que le juge est encore à temps de la remplir, il doit incontestablement le faire. Il ne peut pas s'en dispenser, sous prétexte que la formalité n'est pas prescrite, à peine de nullité; ce serait déclarer, en d'autres termes, que l'on peut désobéir à la loi, lorsqu'elle ordonne. Or, ce n'est pas cela que la loi a voulu dire, lorsqu'elle a déclaré que l'omission de telle ou telle formalité n'entraînerait pas la nullité de la procédure. Tout ce que la loi prescrit d'une manière absolue, doit être exécuté. La désobéissance peut, dans certains cas, n'avoir pas pour effet d'entraîner la nullité de la procédure ultérieure; mais l'impunité de la désobéissance n'équivaut pas au droit de désobéir, et c'est cependant ce droit que le jugement de première instance et l'arrêt attaqué ont consacré en principe.

Ainsi, sans examiner quelle était la nature de la formalité exigée par la loi, et invoquée par les parties, la Cour de Paris aurait fait une fausse application de cette règle, que les procédures et les jugemens ne peuvent être annullés que pour omission des formes prescrites, à peine de nullité; par cela qu'elle s'en serait prévalue, non pour maintenir un jugement ou une procédure, mais pour refuser de régulariser une arrestation, et pour déclarer, en droit, que la formalité, quoique prescrite par la loi, n'est que facultative pour le magistrat.

Examinons maintenant si, dans l'espéce, la formalité omise est une de ces formalités dont l'omission n'aurait pu entraîner la nullité de l'acte, qu'autant que la loi y aurait expressément attaché cet effet.

Inutile de rappeler ici une doctrine qui a été de tout temps reconnue et consacrée, et qui établit une distinction entre les formes substantielles et les formes extrinsèques.

Oui, sans doute; si la formalité omise n'était qu'extrinséque, son omission pourrait ne pas entraîner la nullité de l'acte.

Mais si, au contraire, elle est un des élémens qui constituent cet acte, son absence empêche que l'acte soit constitué, qu'il soit complet; il n'existe pas : il était alors inutile que la loi en déclarât la nullité.

Un mandat de dépôt ou un mandat d'arrêt ne sont pas tels, par cela seul qu'ils en portent le titre, mais bien parce qu'ils sont revêtus des formes que la loi détermine pour chacun d'eux.

Par exemple, le mandat d'amener est *mandat d'amener* quand il est signé par le magistrat qui l'a décerné, quand il désigne le prévenu.

Mais, si vous ôtez soit la signature du magistrat, soit la désignation du prévenu, le mandat n'est plus qu'un acte sans caractère, il n'est plus mandat d'amener.

Même raisonnement pour le mandat d'arrêt. Seulement la loi exige pour ce dernier une troisième formalité, l'énonciation du fait; et cette troisième formalité est, comme les autres, constitutive du mandat d'arrêt; elle l'est tellement que c'est elle qui seule le distingue des autres mandats; que c'est, par conséquent, elle qui détermine sa nature de mandat d'arrêt. Elle ne saurait donc être plus substantielle, puisqu'elle est l'essence même du mandat d'arrêt.

Il a été déjà mainte et mainte fois jugé que les formalités constitutives des jugemens n'ont pas besoin d'être prescrites à peine de nullité, et que leur omission empêche que ces jugemens aient un caractère légal. Or, si la règle qui sert de base à l'arrêt attaqué ne doit pas s'appliquer aux formalités constitutives des jugemens, on ne devait pas l'appliquer davantage aux formalités constitutives des mandats d'arrêts.

Mais, dit-on, le Code de brumaire an 4 prononçait cette nullité, et défendait au gardien de la prison de donner exécution aux

mandats qui ne présentaient pas l'accomplissement de ces formalités.

La loi nouvelle, il est vrai, ne répète pas cette déclaration de nullité
dans les mêmes termes. Nous allons bientôt établir qu'elle la reproduit
en termes équivalens. Mais alors même qu'elle aurait gardé un silence
absolu sur ce point ; pourrait-on en tirer la conséquence qu'elle a
voulu que des mandats qui ne renfermeraient aucuns des élémens
qui les constituent et qui forment leur essence, pussent cependant
produire un effet légal, et dussent être maintenus contre toute
réclamation ? Non, sans doute : une pareille conséquence ne peut
être admise, parce qu'elle serait absurde ; et elle serait absurde,
parce qu'elle conduirait à reconnaître les effets et le caractère de
mandat d'arrêt à un acte qui ne présenterait ni la signature du
juge, ni la désignation du prévenu, ni l'énonciation du fait, ni la
citation de la loi ; car aucune de ces formalités n'étant prescrite à
peine de nullité, l'on pourrait appliquer à toutes ensemble le raisonnement que l'on veut appliquer à chacune d'elle.

Ainsi la seule conséquence raisonnable que l'on pourrait tirer de
ce que la nouvelle loi n'aurait pas répété la déclaration de nullité
portée par l'ancienne, c'est que cette nullité résultant de la nature
même de la formalité prescrite, il aurait paru inutile d'en faire
l'objet d'une disposition expresse.

Mais cette déclaration de nullité est implicitement renfermée
dans la rédaction de l'article 94 du Code d'instruction criminelle. En effet, cet article dit que le juge *pourra* décerner le
mandat d'arrêt *dans la forme* déterminée ; et la partie la plus
essentielle de cette forme, c'est *l'énonciation du fait.*

Or, déclarer que le juge instructeur pourra lancer les mandats
d'arrêt en remplissant telle et telle formalité, c'est assez déclarer
qu'il ne le pourra pas sans remplir ces formalités. Dès-lors, il

était parfaitement inutile de les prescrire à peine du nullité, puisqu'elles étaient la condition même du pouvoir accordé au juge.

On doit d'ailleurs d'autant moins supposer que les formalités prescrites par le Code d'instruction criminelle relativement aux mandats d'arrêt, ne sont que facultatives pour le magistrat, que le législateur se serait mis par-là en contradiction ouverte avec la constitution alors existante, dont le Code d'instruction criminelle n'était et ne pouvait être que le complément.

L'article 77 de la constitution de l'an 8 dispose ainsi : « Pour » que l'acte qui ordonne l'arrestation d'une personne puisse être » exécuté, il faut 1°. qu'il exprime formellement le motif de l'ar-» restation, et la loi en vertu de laquelle elle est ordonnée........ »

Or, le Code d'instruction criminelle, loin de manifester dans aucune de ses dispositions l'intention de déroger à cet article de la constitution, le rappelle, au contraire, d'une manière formelle, dans son article 615 au chapitre 3, intitulé : *des moyens d'assurer la liberté individuelle contre les détentions illégales ou autres actes arbitraires.*

Loin donc que le Code d'instruction criminelle ait abrogé l'article 77 de la constitution de l'an 8, il le suppose toujours existant.

Il faut donc nécessairement interpréter ce code de manière à concilier ses dispositions avec la garantie constitutionnelle alors en vigueur. Cependant, si l'on pouvait admettre l'interprétation que lui a donnée l'arrêt attaqué, il y aurait contradiction évidente entre ces deux lois, puisque l'une déclarerait qu'aucun citoyen ne peut être arrêté qu'autant que le motif de son arrestation est énoncé dans le mandat d'arrêt, et que l'autre permettrait, au contraire, que cette arrestation soit effectuée sans énonciation d'aucun motif.

Au reste, cet article 77 de la constitution de l'an 8, peut être

invoqué dans la cause, non-seulement comme servant à l'explication et à l'interprétaton du Code d'instruction criminelle, mais
il peut l'être aussi comme ayant encore aujourd'hui force de loi, et
devant être respecté par les jugemens, sous peine de cassation.

En effet, il est de principe qu'une loi ne peut être abrogée que
de deux manières, ou par une abrogation expresse et directe, ou
par une abrogation indirecte, résultante des dispositions d'une
nouvelle loi inconciliable avec l'ancienne. Mais par ce dernier
mode d'abrogation, l'ancienne loi n'est anéantie que dans tout ce
qu'elle a de contraire à la nouvelle. Dans tout le reste, elle con-
tinue à être exécutée.

Or, d'après ce principe, la loi constitutionnelle de l'an VIII peut
bien être considérée comme abrogée dans tout ce qu'elle a d'inconciliable avec la charte; dans tout ce qui est relatif, à notre orga-
nisation politique ; parce qu'en ce point, les deux lois ne peuvent
être exécutées simultanément. Mais les dispositions de la constitution
de l'an VIII, sur les conditions nécessaires pour être naturalisé français, par exemple, celles relatives à la liberté individuelle, ne pré-
sentent rien qui ne puisse très-bien se concilier avec les dispositions
de la charte, qui garde le silence à cet égard, et par conséquent se
réfère nécessairement aux lois existantes sur chacun de ces points;
ces dispositions subsistent donc toujours.

Aussi voyons-nous que la loi du 14 octobre 1814, relate les dispositions de la constitution de l'an VIII, sur la naturalisation, et les
considère comme non abrogées. « Il nous paraîtrait injuste, est-il
» dit dans le préambule de cette loi, d'exiger, aux termes du code
» civil et de la *constitution du 22 frimaire an VIII*, une décla-
» ration préalable, etc. »

L'article 1ᵉʳ. est rédigé dans la même suppositionde l'existence
de ces dispositions. Il est conçu en ces termes : « Tous les habitans
» des départemens, qui avaient été réunis au territoire de la France

» depuis 1791......, sont censés avoir fait la déclaration *exigée*
» *par l'article* 3 *de la loi du 22 frimaire en VIII......* »

L'article 3 confirme de plus en plus cette vérité. Il porte : « A
» l'égard des individus nés, et encore domiciliés dans des départe-
» mens qui, après avoir fait partie de la France, en ont été séparés
» par les derniers traités..... Ils ne pourront exercer les droits de
» citoyens français, qu'après avoir rempli les conditions imposées
» *par la loi du 22 frimaire an VIII.* »

On sent que si la constitution de l'an 8 a encore force de loi
sous l'empire de la charte, quant à ses dispositions relatives à la
naturalisation, il n'y a aucune raison de prétendre qu'elle serait
abrogée dans ses dispositions relatives à la liberté individuelle,
puisque les unes ne sont pas plus que les autres inconciliables avec
la charte.

Ces dernières dispositions auraient même, de plus pour elle, la
faveur due à la liberté.

Nous trouvons encore une preuve, en quelque sorte matérielle
de cette vérité dans la nouvelle édition officielle de nos cinq codes;
dans cette édition, qui a eu pour objet de purger le texte de ces codes de toutes les dispositions, et même de toutes les dénominations
abrogées et changées. Hé bien ! les articles 77, 78, 79, 80, 81 et
82 de la constitution de l'an VIII, y sont rapportées textuellement
en forme de note et d'explication sur l'article 615 du code d'instruction criminelle.

L'éditeur auguste de ces codes a par-là reconnu que ces dispositions de la constitution de l'an VIII ont encore force de loi, puisqu'il les a fait figurer dans le code qui doit servir de règle aux citoyens et aux magistrats.

Cette circonstance a par elle-même beaucoup de force; mais elle
en prend une bien plus grande encore, lorsqu'on voit qu'elle con-

corde parfaitement avec le principe qui règle l'abrogation des lois, et surtout avec la manière dont le législateur lui-même a reconnu et consacré ce principe, lorsqu'il a eu à s'occuper de la forme et des conditions de la naturalisation.

D'ailleurs on ne peut pas supposer que la charte ait voulu laisser la liberté individuelle sans garanties, alors qu'elle en proclamait le principe; et cependant si elle avait abrogé la constitution de l'an VIII, dans toutes ses dispositions, elle aurait détruit par-là presque toutes les garanties effectives de cette liberté; car c'est précisément dans cette constitution qu'elles se trouvent. C'est là que sont proclamées ces principes tutélaires : 1°. Que toute arrestation doit être motivée; 2°. Qu'un geolier ne peut recevoir un détenu sans transcrire sur ses registres l'acte qui ordonne l'arrestation ; 3°. que tout geolier doit représenter la personne détenue à l'officier civil, sur la première réquisition ; 4°. que la représentation du détenu ne pourra être refusée aux parens et amis, porteurs de l'ordre de l'officier civil ; 5°. que toutes rigueurs inutiles contre les prévenus ou condamnés sont des crimes; 6°. que le domicile de tout citoyen est un asile inviolable ; que nul ne peut s'y introduire pendant la nuit, et que, pendant le jour, on ne peut y entrer qu'avec un ordre d'un magistrat.

Toutes ces précieuses garanties sont dans la constitution de l'an VIII, et ne sont que là ; car le code d'instruction criminelle ne devait pas renfermer d'inutiles répétitions ; et la charte, trouvant la liberté individuelle assez bien garantie, ne pouvait que s'y référer.

Si l'on venait à déclarer aujourd'hui que la constitution de l'an VIII a cessé d'exister dans toutes les parties, avec elle s'évanouiraient toutes ces garanties, et une effrayante lacune apparaîtrait dans notre législation.

Mais il n'est pas raisonnable de prétendre que la charte ait ainsi détruit, sans les remplacer, toutes nos garanties; elle qui a si bien stipulé d'ailleurs les intérêts de la liberté.

Il faut donc reconnaître que la constitution de l'an 8 est encore en pleine vigueur dans toutes ses dispositions relatives à la liberté individuelle ; et , dès-lors , point de doute que l'arrêt attaqué ne doive être cassé , comme l'ayant violée.

La charte constitutionnelle elle-même ne se contente pas de se référer aux lois existantes , de n'y apporter aucune dérogation, de maintenir toutes les garanties qu'elles assuraient déjà aux citoyens , elle veut encore les fortifier. « *Personne , dit-elle, ne* » *pourra être poursuivi ni arrêté que dans les formes que la* » *loi prescrit* ». Cette seule déclaration , ainsi rédigée , trancherait toute espèce de difficulté , car elle ne laisse plus qu'à rechercher quelles sont les formes que la loi prescrit pour l'arrestation d'un citoyen ; et il devient inutile d'examiner si ces formes sont prescrites, à peine de nullité ; puisqu'aucune arrestation ne peut, désormais , être faite qu'avec ces formes.

Or, la plus essentielle de ces formes est l'énonciation du motif de l'arrestation. C'est donc comme si la charte avait déclaré que personne ne peut être arrêté qu'en vertu d'un acte contenant les motifs de l'arrestation : sa disposition est donc l'équivalent de celle de la constitution de l'an VIII.

Elle est aussi en parfaite harmonie avec les dispositions du code d'instruction criminelle; si leurs rédactions sont différentes , elles tendent au même but.

Il y a , en effet, deux manières d'établir la garantie de la liberté individuelle : l'une, en proclamant les droits des citoyens ; l'autre , en déterminant les pouvoirs des magistrats. La première est plus particulièrement réservée à une déclaration de droits , à une constitution ; la seconde, à un code d'instruction criminelle.

La charte constitutionnelle a proclamé le droit que tout citoyen a de n'être arrêté que dans une forme déterminée ; et le code d'instruction criminelle, de son côté, réglant le pouvoir des magistrats, a déclaré qu'ils pourraient faire arrêter un citoyen dans cette même forme. Il y a donc parfaite concordance entre cette déclaration des droits des citoyens, et cette fixation des pouvoirs des magistrats ; et cela ne pouvait pas être autrement, car ces droits et ces pouvoirs se servent réciproquement de limite.

Ainsi, la constitution de l'an VIII, le code d'instruction criminelle et la charte constitutionnelle, loin de se contredire, concourent ensemble pour assurer aux citoyens cette garantie essentielle, qui résulte de l'énonciation du motif de tout acte d'arrestation, c'est-à-dire de tout mandat d'arrêt.

L'arrêt attaqué prétend que cette garantie est dans les dispositions de l'article 112 du code d'instruction criminelle ; mais ce serait en vain que cet article donnerait au détenu le droit de prendre à partie le juge d'instruction. Comment pourrait-il motiver cette prise à partie, puisque le juge pourrait toujours répondre qu'il ne doit compte à personne des motifs qui l'ont déterminé à ordonner l'arrestation, la loi laissant à sa discrétion d'énoncer ou de ne pas énoncer ces motifs ?

Ne serait-il pas, d'ailleurs, bien bizarre qu'un juge pût être poursuivi et condamné pour excès de pouvoir et attentat à la liberté individuelle, et que cependant l'acte qui aurait provoqué contre lui cette condamnation ne pût pas être annullé ?

Il est évident que cette faculté de poursuivre le juge, loin d'être restrictive du droit assuré aux citoyens, de ne subir une arrestation qu'en vertu d'un mandat d'arrêt motivé, n'est qu'une garantie de plus donnée à ce droit. Lorsque la loi a permis de poursuivre, contre la personne même du magistrat, la punition de l'excès de pouvoir, il n'en résulte nullement qu'elle ait entendu respecter et consolider l'excès de pouvoir lui-même.

En résumé, cette affaire présente à juger les questions suivantes.

1°. Le juge d'instruction peut-il disposer de la liberté d'un citoyen par un mandat d'arrêt, après que l'instruction est terminée, et que le tribunal de police correctionnelle est saisi par l'ordonnance de la chambre du conseil?

2°. De ce qu'une formalité exigée par la loi n'est pas prescrite à peine de nullité, en résulte-t-il que le juge ait le droit de se refuser à la remplir, et de déclarer en droit que la formalité n'est que facultative?

3°. L'énonciation du fait est-elle pour le mandat d'arrêt une formalité essentielle, comme elle l'est pour les jugemens, et était-il nécessaire que la peine de nullité fût attachée à son omission d'une manière expresse ?

4°. L'article 94 du Code d'instruction criminelle, fixant les attributions du juge d'instruction, et l'autorisant à lancer des mandats d'arrêt dans une forme déterminée, ne lui a-t-il pas, par-là même, refusé le pouvoir d'en lancer dans toute autre forme.

5°. L'article 77 de la constitution de l'an 8, rappelé par l'article 615 du Code d'instruction criminelle, était-il abrogé par ce Code ? l'est-il aujourd'hui par la charte?

6°. L'article 4 de la charte constitutionnelle, en déclarant que nul ne pourrait être arrêté que dans les formes déterminées par la loi, n'a-t-elle pas rendu cette forme obligatoire pour tout magistrat ?

Si une seule de ces questions est résolue négativement, l'arrêt attaqué doit être cassé, puisqu'il se trouvera avoir consolidé un acte qui n'avait aucun caractère légal, et sanctionné un excès de pouvoir.

Il est heureux que la Cour suprême ait à se prononcer sur ces questions, parce que la solution qu'elle en donnera nous fera connaître au juste quelles sont les garanties actuellement existantes de la liberté individuelle. Au lieu du vague des théories, elle nous montrera le positif de l'application. Elle nous apprendra si, lorsque la charte déclare que nul citoyen ne peut être arrêté, c'est comme si elle déclarait que, *dans la forme prescrite par la loi*, nul ne pourra être arrêté *que dans la forme qu'il plaira au magistrat de suivre.*

ODILON BARROT.

De l'Imprimerie de RENAUDIERE ruc des Prouvaires, n°. 16.